Sommaire

HENRY DAVID THOREAU

La Vie sans principe

Traduction de l'anglais (États-Unis),
notes et postface par
Thierry Gillybœuf

Couverture de
Olivier Fontvieille

ÉDITIONS MILLE ET UNE NUITS

HENRY DAVID THOREAU
n° 455

Texte intégral

Titre original :
Life without Principle
Ce texte a paru pour la première fois
dans la revue *Atlantic Monthly* n°12 en octobre 1863.

Illustrations p. 6 et p. 58 : D.R.

Notre adresse Internet : www.1001nuits.com

ISBN : 978-2-84205-852-4

HENRY DAVID THOREAU

La Vie sans principe

La Vie sans principe

Dans une maison de la culture, il n'y a pas très longtemps, j'eus l'impression que le conférencier avait choisi un thème qui lui était trop étranger et que, partant, il n'était pas parvenu à m'intéresser autant qu'il l'aurait dû. Il traitait de choses qui n'étaient ni dans son cœur ni proches de lui, mais qui se trouvaient à ses extrémités et à sa surface. En ce sens, sa conférence ne reposait sur aucune pensée véritablement centrale ou centralisatrice. J'aurais souhaité qu'il évoquât ses expériences les plus personnelles, à l'image du poète. Le plus grand compliment que l'on m'ait fait, ce fut le jour où l'on me demanda ce que *je pensais*, et où l'on accorda de l'attention à ma réponse. Je suis surpris, autant que comblé, quand cela se produit, comme si mon interlocuteur faisait grand cas de moi, comme s'il était familier de la chose. D'ordinaire, chaque fois que quelqu'un attend quelque chose de moi, il s'agit uniquement de savoir à combien d'acres j'estime ses terres – puisque je suis arpenteur –

ou, au mieux, de quelles nouvelles triviales je me suis encombré l'esprit. On ne fait jamais appel à la justice pour avoir accès à ma substance, on préfère s'arrêter à la coquille. Une fois, un homme a parcouru une distance considérable pour me demander de tenir une conférence sur l'esclavage, mais en discutant avec lui, je me suis rendu compte que sa clique et lui entendaient s'attribuer les sept huitièmes de la conférence, et qu'un huitième seulement m'échût ; aussi ai-je décliné. Je considère comme allant de soi, quand je suis invité quelque part pour y donner une conférence – car j'ai acquis une petite expérience en la matière –, que mon auditoire éprouve le désir d'entendre ce que *je pense* sur tel sujet, fussé-je le plus grand imbécile du pays, et non que je dise simplement des choses agréables auxquelles le public acquiescera. En conséquence, je me résous à leur administrer une forte dose de moi-même. Ils sont venus me chercher et se sont engagés à me payer, et je suis résolu à donner de ma personne, quand bien même je les ennuierais au-delà de tout précédent.

Aussi voudrais-je à présent vous dire quelque chose de semblable, mes chers lecteurs. Puisque *vous* êtes mes lecteurs et que je n'ai pas été un grand voyageur, je ne parlerai pas de personnes vivant à des milliers de miles d'ici, mais traiterai autant que faire se peut de sujets qui nous sont familiers. Le temps imparti étant bref, je laisserai de côté toute flatterie, pour ne retenir que la critique.

Penchons-nous sur la façon dont nous menons nos existences.

Ce monde est un lieu d'affaires. Quel remue-ménage incessant ! Je suis réveillé presque chaque nuit par le halètement des locomotives. Il interrompt mes rêves. Il n'y a pas de shabbat. Ce serait merveilleux de voir l'humanité goûter pour une fois au temps libre. Ce n'est que travail et travail encore. Ce n'est pas chose facile que d'acheter un cahier vierge pour y consigner ses pensées ; en général leurs lignes servent plutôt à noter des dollars et des cents. Un Irlandais, me voyant prendre des notes dans les champs, estima sans le moindre doute que je calculais mes gages. Qu'un homme soit tombé par une fenêtre quand il était nourrisson, au point de rester infirme à vie, ou bien qu'il ait perdu la raison après que les Indiens lui eurent causé une grande frayeur, on déplorera surtout que son état l'ait rendu inapte à travailler ! Je pense qu'il n'est rien, pas même le crime, de plus opposé à la poésie, à la philosophie, voire à la vie elle-même, que cette incessante activité.

Dans les faubourgs de notre ville, il y a un type grossier et bruyant, gagnant beaucoup d'argent, qui s'apprête à ériger un mur de remblai sur la colline tout autour de son pré. Les autorités lui ont mis cette idée en tête afin de l'empêcher de faire des siennes, et il souhaite que je passe trois semaines à creuser là-bas avec lui. Cela aura sans doute pour résultat qu'il aura davantage d'argent à thésauriser et à léguer à ses héritiers pour que ceux-ci le dépensent inconsidérément. Si j'accepte, la plupart me loueront comme un homme industrieux et travaillant dur ; mais si je choisis de me consacrer à certaines tâches dont je suis susceptible de tirer davantage de profit réel, mais qui me rapporteront peu d'argent, ils seront enclins à me tenir pour paresseux. Néanmoins, dans la mesure où je n'ai nul besoin que la police chargée des travaux inutiles s'occupe de moi, et que je ne vois rien d'absolument digne d'éloges dans l'entreprise de cet homme, pas plus que dans nombre d'entreprises de notre propre gouvernement ou des gouvernements étrangers, quelque amusement qu'ils en tirent les uns ou les autres, je préfère finir mon éducation dans une autre école.

Si un homme marche dans la forêt par amour pour elle pendant la moitié du jour, il risque fort d'être considéré comme un tire-au-flanc ; mais s'il passe toute sa journée à spéculer, à raser cette forêt et à rendre la terre chauve avant l'heure, on le tiendra pour un citoyen industrieux et entreprenant. Comme si une ville n'avait d'autre intérêt pour ses forêts que de les abattre !

La plupart des hommes se sentiraient insultés si on leur proposait de les employer à jeter des pierres par-dessus un mur, puis de les jeter dans l'autre sens, dans le seul but de gagner leur salaire. Mais aujourd'hui nombre d'entre eux ne sont pas employés plus utilement. Par exemple : juste après le lever du soleil, par un matin d'été, je remarquai l'un de mes voisins qui marchait près de son attelage, tirant lentement une lourde pierre taillée se balançant sous l'essieu ; une atmosphère industrieuse régnait sur cette scène – la journée de travail commençait –, le front de l'homme transpirait déjà – un reproche adressé à tous les fainéants et les paresseux –, s'arrêtant à hauteur de ses bœufs, et tournant à moitié en s'accompagnant d'un geste ample de sa cravache bienveillante, tandis qu'ils le dépassaient. Je pensais : c'est pour protéger ce travail que le Congrès américain existe ; honnête labeur viril, aussi honnête que le jour est long qui donne de la douceur à son pain et à la société et que tous les hommes respectent et ont consacré. Voici l'un des membres de cette troupe sacrée qui accomplit la corvée nécessaire quoique ingrate. En effet, j'éprouvai un léger remords, parce que j'observais la scène depuis une fenêtre et que je n'étais pas dehors à m'échiner dans un semblable travail. La journée s'écoula. Le soir, je passai devant la cour d'un autre voisin, qui a de nombreux domestiques à son service, et dépense beaucoup d'argent inconsidérément, tandis qu'il n'ajoute rien au lot commun : je vis là la pierre de la matinée couchée à côté d'une structure fantasque destinée à orner la propriété de ce Lord Timothy Dexter [1], et le labeur du charretier en perdit aussitôt toute dignité à mes yeux. À mon sens, le soleil fut créé pour éclairer des travaux de plus de valeur que celui-ci. Je pourrais ajouter que, depuis, son employeur s'est enfui, endetté auprès d'une grande partie de la ville ; après avoir été traduit en justice, il s'est installé ailleurs, pour y patronner les arts une fois encore.

1. Il s'agit vraisemblablement de Timothy Dexter (1747-1806), négociant américain originaire du Massachusetts, personnage excentrique qui fit fortune pendant la Révolution américaine en achetant des certificats d'endettement dévalués et en les réclamant par la suite à leur pleine valeur. (N.d.T.)

Les moyens de gagner de l'argent vous entraînent presque sans exception vers le bas. Avoir fait quelque chose *uniquement* pour gagner de l'argent, c'est avoir été vraiment oisif, ou pire. Si le travailleur ne gagne pas plus que les gages versés par son employeur, il est volé, il se vole lui-même. Si vous voulez gagner de l'argent comme écrivain ou conférencier, vous devez être populaire, ce qui signifie tomber plus bas que terre. Ces services que la communauté paiera sur-le-champ sont fort désagréables à rendre. Vous êtes payé pour être moins qu'un homme. D'ordinaire, les États ne récompensent pas le génie avec plus de lucidité. Même le poète lauréat aimerait mieux ne pas célébrer les menus faits de la royauté. On doit le corrompre avec un pot-de-vin, et peut-être faudra-t-il arracher un autre poète à sa muse et l'appeler à jauger ce pot. Quant à moi, le genre d'arpentage que je pourrais faire avec beaucoup de plaisir, mes employeurs n'en veulent pas. Ils préféreraient que je m'acquitte de mon travail grossièrement et pas trop bien, voire, pas bien du tout. Quand je fais remarquer qu'il existe différentes façons d'arpenter, mon employeur demande généralement laquelle lui donnera le plus de terres et non la plus exacte. J'ai autrefois inventé une règle pour mesurer les stères de bois, que j'ai essayé d'introduire à Boston ; sur place, les responsables des mesures m'ont expliqué que les vendeurs ne souhaitaient pas voir leur bois mesuré correctement – que cette mesure était déjà trop précise pour eux – et, par conséquent, ils faisaient plutôt mesurer leur bois à Charlestown [2] avant de franchir le pont.

Le but du travailleur ne devrait pas être de gagner sa vie, d'avoir « un bon boulot », mais de bien accomplir une tâche donnée ; même d'un point de vue pécuniaire, ce serait une économie pour une ville que de payer ses travailleurs si bien qu'ils ne se rendraient plus compte qu'ils travaillent à de basses fins, uniquement pour gagner leur pain, mais à des fins scientifiques voire morales. N'engagez pas un homme qui fait son travail pour de l'argent, mais celui qui le fait par amour de sa tâche.

Il est remarquable qu'il y ait peu d'hommes bien employés, selon leur intelligence, qu'un peu d'argent ou de célébrité n'achète en général en les arrachant à leur activité du moment. Je vois des offres d'emploi en mer pour des jeunes gens *actifs*, comme si l'activité était le seul

2. Ville du Massachusetts qui sera intégrée dans l'agglomération de Boston en 1874 et séparée d'elle par un pont. (N.d.T.)

capital d'un jeune homme. Pourtant, j'ai été surpris quand quelqu'un m'a proposé en toute confiance, un adulte, d'embarquer dans pareille entreprise, comme si je n'avais absolument rien à faire, ma vie ayant été jusque-là un échec complet. C'est me payer d'un complément bien douteux ! Comme s'il m'avait rencontré au cœur de l'océan luttant contre le vent, ballotté et sans destination, et qu'il m'eût proposé de partir avec lui ! Si je l'avais fait, qu'auraient dit selon vous les assureurs de la compagnie maritime ? Non, non ! À ce stade du voyage, je ne suis pas sans emploi. À dire vrai, j'ai vu une publicité pour recruter de robustes marins, quand j'étais enfant et que je me baladais dans mon port natal, et dès que je fus en âge de le faire, je m'embarquai.

La communauté n'a aucun moyen de corruption susceptible de suborner un homme sage. On peut amonceler assez d'argent pour creuser un tunnel dans une montagne, mais on ne peut en amonceler suffisamment pour engager un homme qui s'occupe de *ses propres* affaires. Un homme efficace et de valeur fait ce qu'il peut, que la communauté le paye ou non pour cela. Les incompétents proposent leur incompétence aux plus offrants, et s'attendent toujours à être embauchés. On peut supposer qu'ils ont rarement été déçus.

Peut-être suis-je plus jaloux que le commun des mortels pour tout ce qui a trait à ma liberté. J'ai le sentiment que mes liens avec la société et mes obligations à son égard sont encore très ténus et passagers. Ces petits boulots qui me procurent un gagne-pain, et grâce auxquels on s'accorde à me trouver quelque peu utile à mes contemporains, sont jusque-là, en général, un plaisir pour moi, et j'en oublie aisément qu'ils sont une nécessité. Jusqu'à présent, j'ai réussi. Mais je m'aperçois que si mes besoins augmentaient sensiblement, le travail nécessaire pour les satisfaire deviendrait une corvée. Si je devais vendre mes matinées et mes après-midi à la société, comme la plupart semblent le faire, je suis certain qu'il n'y aurait plus rien qui vaille la peine d'être vécu à mes yeux. Je suis sûr de ne jamais vendre mon droit d'aînesse pour un plat de lentilles. Je voudrais suggérer ici qu'un homme peut être très industrieux et cependant mal employer son temps. Il n'est pas d'individu plus fatalement inconsidéré que celui qui consume la majeure partie de sa vie à la gagner. Toutes les grandes entreprises se soutiennent d'elles-mêmes. Le poète, par exemple, doit subvenir aux besoins de son corps grâce à sa poésie, comme un moulin à vapeur nourrit ses chaudières avec les copeaux qu'il produit. On doit gagner sa vie avec amour. Mais tout comme on dit que quatre-vingt-dix-neuf pour cent des marchands échouent, de même la vie des hommes en général, mesurée à cette aune, est un échec, et l'on peut prédire la banqueroute à coup sûr.

Venir au monde en étant simplement l'héritier d'une fortune n'est pas être né, mais plutôt être mort-né. Que la charité de vos amis ou une pension du gouvernement subvienne à vos besoins – aussi longtemps que vous continuez de respirer –, quels que soient les beaux synonymes par lesquels on décrit ces relations, c'est entrer à l'hospice. Le dimanche, le pauvre débiteur va à l'église pour faire ses comptes, et il réalise, bien entendu, que ses dépenses ont été plus importantes que ses revenus. Dans l'Église catholique en particulier, on va en justice, on fait une confession dans les formes, on abandonne tout et on songe à recommencer. De la sorte, les hommes resteront couchés sur le dos, à parler de la chute de l'homme, sans jamais faire le moindre effort pour se relever.

Si l'on compare ce que chacun attend de la vie, on doit bien faire la différence entre celui qui se satisfait d'un succès moyen et dont toutes les cibles peuvent être atteintes à bout portant, et celui qui, quelque basse et infructueuse que puisse être sa vie, ne cesse de placer son objectif toujours plus haut, bien que son angle aigu de visée ne s'élève guère au-dessus de l'horizon. Je préfère de loin être ce dernier – même si comme le disent les Orientaux : « La Grandeur n'approche pas de celui qui regarde toujours vers le bas et ceux qui regardent vers le haut deviennent de plus en plus pauvres. »

Il est remarquable qu'il n'y ait rien ou presque d'écrit sur la manière de gagner sa vie qui soit digne de mémoire ; comment faire pour gagner sa vie d'une façon qui soit non seulement plus honnête et honorable, mais aussi attrayante et glorieuse ; car si *gagner* sa vie n'obéit pas à ces critères, alors la vie ne peut y répondre elle non plus. On pourrait penser, à bien regarder la littérature, que cette question n'était jamais venue déranger les pensées d'un individu solitaire. Est-ce que les hommes sont à ce point dégoûtés de leur expérience pour en parler ? Nous sommes enclins à passer allégrement outre la leçon sur la valeur qu'enseigne l'argent, que l'Auteur de l'Univers a pris tant de peine à nous enseigner. Quant aux moyens d'existence, il est merveilleux de voir combien les hommes de toutes classes y sont indifférents, même les prétendus réformateurs – qu'ils héritent, gagnent ou volent de l'argent. Je considère que la société n'a rien fait pour nous à ce sujet, ou du moins qu'elle a défait ce qu'elle a fait. Le froid et la faim siéent davantage à ma nature que ces méthodes que les hommes ont adoptées et qu'ils recommandent pour s'en préserver.

Le terme *sage* est, pour une grande part, attribué de façon erronée. Comment peut-on être un homme sage, si l'on ne sait pas comment mieux vivre que les autres ; si l'on est juste plus rusé et d'une intelligence plus subtile ? La Sagesse doit-elle apprendre à marcher au pas ? Ou apprend-elle comment réussir *par son exemple* ? Existe-t-il une forme de sagesse qui ne s'applique pas à la vie ? Est-elle simplement le meunier qui moud la logique la plus fine ? Il n'est pas superflu de demander si Platon a gagné sa *vie* d'une meilleure façon ou avec plus de succès que ses contemporains – ou s'il a connu le même poids des affres de l'existence que tout un chacun ? Semblait-il triompher de certaines d'entre elles uniquement par indifférence, ou bien en prenant de grands airs ? A-t-il trouvé plus facile de vivre, parce que sa tante s'était souvenue de lui dans son testament ? La façon dont la plupart des hommes gagnent leur vie, autrement dit, vivent, n'est que moyens de fortune et manière d'esquiver la véritable affaire de l'existence – parce que pour l'essentiel, ils manquent de discernement, mais aussi, en partie, parce que leurs objectifs sont médiocres.

La ruée vers la Californie, par exemple, et l'attitude adoptée à ce sujet non seulement par les marchands, mais aussi par les prétendus philosophes et prophètes, traduisent une très grande disgrâce de l'humanité. Que tant d'êtres soient prêts à vivre en se laissant guider par la chance et obtenir de la sorte le moyen de faire travailler d'autres qui sont moins chanceux, sans contribuer aucunement au bien de la société ! Et on appelle cela entreprise ! Je ne connais pas de développement plus stupéfiant de l'immoralité du commerce et de tous les moyens commodes de gagner sa vie. La philosophie, la poésie et la religion de cette humanité-là ne valent pas la poussière d'une vesse-de-loup. Le porc qui gagne sa vie en prenant racine, en fouissant le sol, aurait honte de se retrouver en pareille compagnie. Si je n'avais qu'à lever le petit doigt pour posséder toutes les richesses du monde, je trouverais encore que ce serait *trop* cher payer. Même Mahomet savait que Dieu n'a pas créé ce monde par plaisanterie. Cela fait de Dieu un gentilhomme cossu qui sème une poignée de pennies afin de voir l'humanité se disputer pour les ramasser. La loterie du monde ! Faire de la subsistance dans les domaines de la Nature un lot de tombola ! Quel commentaire, quelle satire de nos institutions ! La conclusion sera que l'humanité se pendra à un arbre. Est-ce donc là ce qu'ont appris aux hommes les préceptes de toutes les Écritures saintes ? La dernière et la plus admirable invention de la race humaine n'est-elle qu'un racloir à fumier ? Est-ce un terrain d'entente où se retrouvent Orientaux et Occidentaux ? Dieu nous a-t-Il ordonné, pour gagner notre vie, de bêcher là où nous n'avons jamais semé, et nous récompenserait-Il d'aventure par quelques pépites d'or ?

Dieu a donné à l'homme vertueux un certificat lui accordant nourriture et vêtements, mais l'homme immoral en a trouvé un *fac-similé* dans les coffres divins : il se l'est approprié et a obtenu nourriture et vêtements comme le précédent. C'est l'un des systèmes de contrefaçon les plus répandus que le monde ait connu. Je ne savais pas que l'humanité souffrait de pénurie d'or. J'en ai vu un peu. Je sais qu'il est très malléable, mais bien moins que l'intelligence. Une pépite d'or pourra dorer une grande surface, mais pas autant qu'une pépite de sagesse.

Le chercheur d'or dans les ravines des montagnes est un joueur tout comme son collègue des saloons de San Francisco. Quelle différence entre lancer de la terre et jeter les dés ? Si vous gagnez, la société est perdante. Le chercheur d'or est l'ennemi du travailleur honnête, quels que puissent être les contrôles et les compensations. Vous avez beau me dire que vous avez travaillé dur pour avoir votre or, le diable ne ménage pas sa peine lui non plus. La voie des pécheurs peut être pénible à bien des égards. L'humble observateur qui va dans les mines constate et déclare que chercher de l'or présente le caractère d'une loterie : l'or ainsi obtenu n'a pas la même valeur que les gages du travail honnête. Mais, en pratique, il oublie ce qu'il a vu, car il n'a observé que les faits, pas le principe, et se lance dans les affaires là-bas, autrement dit, il achète un billet pour ce qui se révèle n'être qu'une autre forme de loterie, où les faits ne sont pas aussi évidents.

Un soir, après avoir lu le récit de Howitt[3] sur la prospection de l'or en Australie, j'eus devant les yeux, toute la nuit, les nombreuses vallées, avec leurs rivières, toutes trouées de puits immondes, de dix à cent pieds de profondeur et d'une demi-douzaine de large, aussi proches les uns des autres que possible, et en partie remplis d'eau. Voilà donc l'endroit où les hommes se

3. William Howitt (1792-1879), écrivain anglais qui séjourna en Australie de 1852 à 1854, dans les régions aurifères, dont il rapportera plusieurs récits. (N.d.T.)

ruent furieusement pour chercher fortune, sans la moindre certitude quant à l'endroit où ils fouilleront le sol, ne sachant même pas si l'or se trouve sous leur campement. Ils creusent parfois jusqu'à cent soixante pieds de profondeur avant d'atteindre la veine, souvent ils la manquent d'un pied. Dans leur soif de richesse, ils se changent en démons et se moquent bien des droits d'autrui. Des vallées entières, sur trente miles, soudain alvéolées par les trous des mineurs, de sorte que des centaines d'entre eux s'y sont noyés ; debout dans l'eau, recouverts de boue et d'argile, ils travaillent jour et nuit, mourant d'insolation et de maladie. Ayant fini ma lecture, et l'ayant en partie oubliée, j'en vins à penser à ma propre existence qui laissait à désirer, puisqu'elle se borne à faire comme les autres. Avec la vision de ces mines, je me demandai pourquoi je ne pourrais pas moi aussi tamiser de l'or chaque jour, quand bien même ce ne serait que les plus infimes paillettes ; pourquoi ne pourrais-je pas creuser dans un puits pour atteindre l'or en moi et exploiter ce gisement. Il *existe* un Ballarat[4], un Bendigo[5] pour cha-

4. Ville du sud-est de l'Australie, qui prospéra, avant de décliner, au cours de la ruée vers l'or de 1860. (N.d.T.)
5. Ville du sud-est de l'Australie, fondée en 1851 durant la ruée vers l'or. (N.d.T.)

cun de nous, quand bien même il s'agirait d'une « pénible ravine » ? En tout cas, je pourrais emprunter un chemin, même s'il est solitaire, étroit et tortueux, sur lequel je pourrais marcher avec amour et respect. Chaque fois qu'un homme se sépare de la multitude et suit son chemin dans cette disposition d'esprit, il rencontre de fait un embranchement sur sa route, bien que d'ordinaire les voyageurs puissent ne voir qu'un trou dans la palissade. Son chemin solitaire à travers champs peut se révéler être la *grand-route*.

Les hommes se ruent vers la Californie et l'Australie comme si c'était dans cette direction que l'on devait trouver l'or véritable ; mais c'est aller exactement à l'opposé de l'endroit où il est. Ils vont prospecter toujours plus loin du vrai filon et sont les plus à plaindre quand ils se considèrent comme les plus prospères. Notre sol *natal* n'est-il pas aurifère ? Une rivière des montagnes dorées ne coule-t-elle pas dans notre vallée natale ? Et celle-ci n'a-t-elle pas, depuis des temps plus immémoriaux que les ères géologiques, apporté des particules brillantes et formé des pépites à notre intention ? Pourtant, si étrange que cela puisse paraître, si un chercheur d'or se retire pour prospecter cet or véritable dans les solitudes inexplorées qui nous entourent, il n'y a aucun risque que quelqu'un suive ses pas et essaie de le supplanter. Il peut revendiquer et miner toute la vallée, tant dans les zones cultivées que dans les zones sauvages, vivre sa vie entière en toute tranquillité, car personne ne lui disputera sa concession. On ne se souciera pas de ses étayages ni de ses tamis. Il ne sera pas confiné à une concession de douze pieds carrés, comme à Ballarat, mais pourra creuser n'importe où et passer le monde entier à travers son tamis.

Howitt dit de l'homme qui a trouvé la grande pépite de vingt-huit livres dans les mines de Bending en Australie : « Très vite, il s'est mis à boire, il s'est procuré un cheval et s'est promené partout, généralement au grand galop ; quand il rencontrait des gens, il les interpellait pour leur demander s'ils savaient qui il était, et les informait aimablement qu'il était le “pauvre diable qui avait trouvé la pépite”. Pour finir, il a heurté un arbre, et s'est pratiquement assommé. » Je suis convaincu, cependant, qu'il n'y avait en l'occurrence aucun danger, car il s'était déjà assommé contre la pépite. Howitt ajoute : « C'est un homme désespérément détruit. » Mais il incarne parfaitement ceux de sa catégorie. Ce sont tous des vauriens. Écoutez plutôt les noms de certains endroits où ils prospectent : « La Plaine du Baudet », « La Ravine de la Tête de

Moutong», « Le Bar de l'Assassin », etc. N'entre-t-il pas d'intention satirique dans ces noms ? Qu'ils transportent leurs richesses mal acquises où ils veulent, je pense que, où qu'ils vivent, ce sera toujours « La Plaine du Baudet », sinon « Le Bar de l'Assassin ».

Notre dernier sursaut d'énergie a été le pillage des tombes sur l'isthme de Darién [6], une entreprise qui semble n'en être qu'à ses balbutiements, car aux dernières nouvelles, une loi est déjà passée en seconde lecture au parlement de la Nouvelle-Grenade, régulant ce type de prospection. Un correspondant de la *Tribune* écrit : « Pendant la saison sèche, quand le climat permettra qu'une bonne prospection soit réalisée dans le pays, nul doute que d'autres riches "Guacas" [autrement dit, des tombes] seront trouvées. » Aux émigrants, il précise : « Ne venez pas avant décembre. Prenez la route de l'isthme de préférence à celle de la Boca del Toro. N'emportez aucun bagage inutile et ne vous encombrez pas d'une tente. Mais de bonnes couvertures seront nécessaires ; une pioche, une pelle et une hache de solide métal suffiront amplement » : conseil qui pourrait provenir tout droit du *Guide Burker*. Et de conclure avec ces

6. Au Panama. (N.d.T.)

lignes en italique et en petites capitales : « *Si vous vous en sortez bien chez vous,* RESTEZ-Y », que l'on peut interpréter à bon droit par : « Si vous gagnez bien votre vie en pillant des tombes chez vous, restez-y. »

Pourquoi aller en Californie juste à cause d'un texte ? Elle est l'enfant de la Nouvelle-Angleterre, élevée dans son école et son église.

Il est remarquable que parmi tous les prédicateurs, il y ait si peu de professeurs de morale. Les prophètes servent à excuser les actes des hommes. Plusieurs vénérables anciens, les *illuminati* de cet âge, me disent, avec un sourire gracieux et évocateur, entre inspiration et frisson, de ne pas me montrer tendre envers ces choses, de considérer tout cela en bloc, autrement dit d'en faire un lingot d'or. Le conseil le plus élevé que j'aie entendu sur ces sujets était servile. Cette antienne disait : ça ne vaut pas la peine d'entreprendre de réformer le monde dans ce cas particulier. Ne demandez pas comment votre tartine est beurrée, si vous le saviez, vous en seriez malade, et ainsi... Mieux vaut mourir de faim que de perdre son innocence afin de gagner son pain. Si en tout être sophistiqué il n'y en a pas un autre qui lui ne le soit pas, alors il n'est qu'un ange déchu. À mesure que nous vieillissons, nous devenons plus rustres, nous relâchons un peu notre discipline et, dans une certaine mesure, nous cessons d'obéir à nos meilleurs instincts. Mais nous devrions être tatillons à l'extrême quant à notre rectitude, sans tenir compte des quolibets de ceux qui sont plus malheureux que nous.

En règle générale, notre science pas plus que notre philosophie ne rendent compte de rien de véridique ni d'absolu. L'esprit de secte et de bigoterie a planté son sabot parmi les étoiles. Vous n'avez qu'à soulever la question de savoir si les étoiles sont ou non habitées pour vous en apercevoir. Pourquoi devons-nous barbouiller les cieux comme la terre ? Ce fut une découverte malheureuse que d'apprendre que le Dr. Kane[7] était franc-maçon tout comme Sir John Franklin[8]. Mais c'était encore plus cruel de penser que c'était peut-être là la raison pour laquelle le premier se mit à la recherche du second. Il n'y a pas un magazine populaire dans ce pays qui oserait imprimer l'avis d'un enfant sur des sujets importants sans le moindre commentaire. Cela doit

---

7. Elisha Kent Kane (1820-1857), scientifique et explorateur américain. Il participa à la première expédition Grinnell, en 1850, à la recherche de Sir John Franklin. (N.d.T.)
8. Sir John Franklin (1786-1847), amiral et explorateur anglais, qui conduisit deux expéditions dans l'Arctique et périt au cours de la troisième. (N.d.T.)

être soumis aux Docteurs en Théologie. Je préférerais que ce soit les mésanges à tête noire.

Vous venez d'assister aux funérailles de l'humanité pour être témoin d'un phénomène naturel. Une pensée infime est le sacristain du monde entier.

Je ne connais guère d'*intellectuel* suffisamment large d'esprit et tolérant au point de pouvoir penser à voix haute en sa compagnie. La plupart de ceux avec lesquels on essaie de parler prennent bientôt appui sur quelque institution dans laquelle il s'avère qu'ils ont un pied, autrement dit, ils adoptent une façon particulière, et non universelle, de voir les choses. Ils n'ont de cesse d'imposer leur propre toit peu élevé, avec sa fenêtre étroite, entre le ciel et vous, quand ce sont les cieux dégagés que vous voudriez voir. Hors de mon chemin avec vos toiles d'araignées. Lavez vos carreaux, vous dis-je ! Dans certaines maisons de la culture, on me dit qu'on a voté pour exclure tout sujet traitant de la religion. Mais comment puis-je savoir ce qu'est leur religion, et si j'en suis proche ou éloigné ? J'ai marché dans cette arène et fait de mon mieux pour dire ce que j'avais sur la conscience quant à ma propre expérience de la religion, et le public n'a jamais deviné de quoi je parlais. La conférence était pour eux aussi inoffensive que le clair de lune. Tandis que si je leur avais lu la biographie des pires coquins de l'histoire, ils auraient pu croire que j'avais écrit les vies des pontes de leur Église. D'ordinaire, on me demande : D'où venez-vous ? Ou bien : Où allez-vous ? Mais j'entendis un jour l'un de mes auditeurs poser une question beaucoup plus pertinente à quelqu'un d'autre : « Pour quelle raison donne-t-il des conférences ? » Cela me fit trembler de la tête aux pieds.

Soit dit en toute impartialité, les meilleurs hommes que je connaisse ne sont ni sereins ni un monde en eux-mêmes. Pour la plupart, ils se contentent des formes, flattent et étudient les effets avec simplement plus de finesse que les autres. Nous choisissons le granit pour les fondations de nos maisons et de nos granges ; nous construisons des clôtures de pierre ; mais nous ne reposons pas nous-mêmes sur un état de vérité granitique, la roche primitive de base. Nos appuis sont pourris. De quelle étoffe l'homme est-il donc fait pour que nous ne l'associions pas dans nos pensées à la vérité la plus pure et la plus subtile qui soit ? J'accuse souvent mes meilleures relations d'une immense frivolité car, malgré nos bonnes manières et nos assauts de politesse, nous ne nous rencontrons pas, nous ne nous enseignons pas mutuellement les leçons de l'honnêteté et de la sincérité comme le font les brutes, ou bien celles de la fermeté et de la solidité comme le font les pierres. Force est de reconnaître que la faute en incombe à tous, car nous n'exigeons en général pas davantage les uns des autres.

Toute cette agitation autour de Kossuth [9], voyez comme elle a été caractéristique, mais si superficielle ! Ce ne fut rien d'autre qu'une sorte de politique ou de danse. Les hommes lui faisaient des discours dans tout le pays, mais chacun n'exprimait que la pensée, ou l'absence de pensée, de la multitude. Personne ne s'en tenait fermement à la vérité. Ils étaient tout simplement regroupés, comme toujours s'appuyant les uns sur les autres, et tous ensemble sur du vide – tout comme les Hindous représentent le monde posé sur un éléphant, lui-même posé sur une tortue, et la tortue sur un serpent, sans rien avoir à mettre sous le serpent. Le seul fruit de cette agitation que nous ayons récolté, c'est le chapeau de Kossuth.

Nos conversations ordinaires sont, pour l'essentiel, tout aussi creuses et inefficaces. Une sur-

9. Lajos Kossuth (1802-1894), homme politique hongrois qui joua un rôle capital dans le mouvement révolutionnaire de la Hongrie (1848-1849). (N.d.T.)

face en rencontre une autre. Quand notre vie cesse d'être intérieure et privée, la conversation dégénère en simples ragots. Il est rare de croiser un homme qui puisse nous rapporter des nouvelles qu'il n'a pas lues dans un journal ou qu'un voisin ne lui a pas apprises. En grande partie, la seule différence entre notre prochain et nous, c'est qu'il a vu le journal ou qu'il est sorti boire un thé, et pas nous. Plus notre vie intérieure s'étiole, plus nous nous rendons fréquemment et désespérément au bureau de poste. Vous pouvez être sûr que le pauvre hère qui s'éloigne avec le plus grand nombre de lettres, fier de sa correspondance abondante, n'a pas entendu parler de lui-même ces derniers temps.

J'ignore pourquoi, mais lire le journal une fois par semaine est encore beaucoup trop. J'ai essayé de le faire récemment, et durant tout ce temps il m'a semblé que je ne résidais pas dans ma région natale. Le soleil, les nuages, la neige, les arbres me parlent peu. On ne peut servir deux maîtres à la fois. Il faut plus qu'une journée de dévotion pour connaître et posséder la richesse d'un jour.

Nous pourrions bien avoir honte de dire quelles choses nous avons lues ou dont nous avons entendu parler au cours de la journée. Je ne vois pas pourquoi mes nouvelles devraient être aussi triviales, pour peu qu'on considère ce que sont les rêves et les attentes de chacun, ni pourquoi leurs développements devraient être aussi dérisoires. Les nouvelles que nous entendons ne sont pas, pour la plupart, destinées à notre esprit. Ce ne sont que répétitions des plus éculées. On est souvent tenté de se demander pourquoi on insiste tellement sur une expérience particulière qu'on a vécue, au point que, vingt-cinq ans plus tard, on doive à nouveau rencontrer Hobbins, du Registre des Actes, sur le trottoir. N'avez-vous pas bougé d'un pouce entre-temps ? Telles sont les nouvelles quotidiennes. Les événements qui les nourrissent semblent flotter dans l'atmosphère, aussi insignifiants que les sporules des champignons, et se déposer sur un *thalle* négligé ou une surface de notre esprit, qui leur fournit une base et, partant, une croissance parasitique. Nous devrions nous débarrasser de ces nouvelles. Si la planète explose, quelle importance pour peu que personne ne soit impliqué dans l'explosion ? Quand nous nous portons bien, nous ne montrons pas la moindre curiosité pour de tels événements. Nous ne vivons pas pour les loisirs et l'oisiveté. Je ne courrai pas jusqu'au coin de la rue pour voir le monde exploser.

Tout l'été, et durant une partie de l'automne, vous vous êtes approchés inconsciemment des journaux et des nouvelles ; vous vous rendez compte à présent que c'était parce que le matin et le soir regorgeaient de nouvelles à votre intention. Vos promenades étaient pleines de menus incidents. Vous vous occupiez, non pas des affaires de l'Europe, mais de vos propres affaires dans les champs du Massachusetts. Si vous avez la chance de vivre et d'évoluer dans cette fine strate dans laquelle les événements qui constituent les nouvelles s'ébruitent, plus fine que le papier sur lequel elles sont imprimées, alors ces choses suffiront à remplir le monde pour vous. Mais si vous volez au-dessus ou plongez en dessous de ce niveau, vous ne pouvez les garder en mémoire et rien ne vous les rappellera. Pouvoir regarder le soleil se lever ou se coucher chaque jour, afin de nous relier à un phénomène universel, préserverait notre santé pour toujours. Les nations ! Que sont les nations ? Des Tartares, des Huns et des Chinois ! Comme des insectes, ils grouillent. L'historien lutte en vain pour les rendre dignes de mémoire. C'est parce que l'homme fait défaut qu'il y a autant d'hommes. Ce sont les individus qui peuplent le monde. Tout homme pensant pourrait dire avec l'Esprit de Lodin :

De ma hauteur je regarde les nations,
Et elles se réduisent en cendres sous mes yeux ;
Calme est mon séjour dans les cieux ;
Agréables sont les vastes champs de mon repos.

Par pitié, vivons sans être tirés par des chiens, comme les Esquimaux, traînés par monts et par vaux, et se mordant mutuellement les oreilles.

Ce n'est pas sans être parcouru par un léger frisson devant le danger encouru, que je m'aperçois souvent que j'ai été proche de laisser entrer dans mon esprit les détails de quelque affaire triviale qui alimente les nouvelles de la rue. Je suis surpris de constater que des hommes de bonne volonté laissent leur esprit se vautrer dans de telles ordures, autorisent des rumeurs oiseuses et des incidents des plus insignifiants à faire intrusion sur un terrain qui ne devrait être consacré qu'à la pensée. L'esprit deviendra-t-il une arène publique, où l'on ne débat pour l'essentiel que des affaires de la rue et des ragots du salon de thé ? Ou bien sera-t-il une portion des cieux eux-mêmes, un temple hypèthre [10], consacré au service des dieux ? Je trouve qu'il est si difficile de savoir disposer de quelques faits qui

10. En architecture, ce terme désigne un édifice religieux qui n'est pas muni d'une toiture sur toute sa surface. (N.d.T.)

sont significatifs à mes yeux, que j'hésite à surcharger mon attention avec ceux qui sont insignifiants, que seul un esprit divin pourrait éclairer. Telles sont, pour la plupart, les nouvelles dans les journaux et les conversations. Il est important de préserver la chasteté de l'esprit en la matière. Imaginez que vous laissiez pénétrer dans vos pensées les détails d'un seul procès de la cour criminelle et que vous arpentiez tel un profane ce véritable *sanctum sanctorum* l'espace d'une heure, voire plusieurs heures durant ! Imaginez que vous fassiez une taverne de la pièce la plus retirée de l'esprit, comme si depuis si longtemps la poussière de la rue avait retenu votre intérêt, comme si la rue elle-même, avec toute son agitation, son va-et-vient et sa crasse, était passée sur la châsse de vos pensées ! Ne serait-ce pas un suicide intellectuel ou moral ? Quand j'ai été appelé à m'asseoir comme spectateur et auditeur dans une salle du tribunal durant plusieurs heures, et que j'ai vu mes voisins, qui n'étaient pas appelés, entrer de temps à autre, et marcher sur la pointe des pieds, les mains et le visage propres, il m'est apparu que quand ils ôtaient leurs chapeaux, leurs oreilles se déployaient soudain en vastes paraboles pour capter les sons, entre lesquelles leurs petites têtes étaient comme compressés. Comme les ailes des moulins à vent, ils interceptaient le large ruisseau mais peu profond du bruit qui, après quelques tours émoustillants dans leurs cerveaux mécaniques, passait de l'autre côté. Je me demandais si, de retour chez eux, ils prenaient autant de soin à laver leurs oreilles qu'ils en avaient mis à laver leurs mains et leur visage. Il m'a semblé, à cette époque, que les auditeurs et les témoins, le jury et le conseil, le juge et le criminel à la barre – si je puis présumer qu'il est coupable avant d'avoir été condamné – étaient tout autant criminels, et j'espérais qu'un coup de foudre s'abattît et les brûlât tous autant qu'ils fussent.

Par toutes sortes de pièges et de panneaux de mise en garde, brandissant la menace du châtiment extrême de la loi divine, excluez ces intrus du seul terrain qui puisse être sacré pour vous. Il est si difficile d'oublier ce qu'il est plus qu'inutile de se rappeler ! Si je devais être une voie de communication, je préférerais être celle que suivent les ruisseaux de montagne et les rivières parnassiennes plutôt que celle qu'empruntent les égouts de la ville. Il y a l'inspiration, ce commérage qui descend du ciel pour parvenir aux oreilles de l'esprit attentif. Il y a la révélation profane et éventée de la taverne et du tribunal de police. Une même oreille est apte à recevoir ces deux messages. Seul le caractère de l'auditeur détermine celui auquel elle sera ouverte et celui auquel elle sera fermée. Je crois que l'esprit peut être sans cesse profané par le fait d'assister régulièrement à des choses triviales, de sorte que toutes nos pensées seront teintées de vulgarité. Notre intelligence elle-même sera macadamisée, pour ainsi dire, ses fondations seront réduites en pièces afin que les roues des véhicules roulent dessus. Et si vous voulez savoir ce qui constituera le pavement le plus résistant, surpassant les blocs de pierre, les rondins de bois et l'asphalte, il vous suffit de regarder dans certains de nos esprits qui ont été soumis à ce traitement suffisamment longtemps.

Si nous avons été ainsi désacralisés – et qui ne l'a pas été ? –, le remède viendra de la prudence et de la dévotion que nous montrerons à retrouver notre caractère sacré et à faire à nouveau un temple de notre esprit. Nous devrions traiter notre esprit, autrement dit nous-mêmes, comme un enfant innocent et ingénu dont nous sommes les gardiens, et être attentifs aux objets et aux sujets que nous portons à son attention. Ne lisez pas *Le Temps*[11]. Lisez *L'Éternité.* Les conformismes

11. Jeu de mots : Thoreau parle ici du célèbre journal *The Times.* (N.d.T.)

sont à la longue aussi mauvais que les impuretés. Même les faits scientifiques peuvent empoussiérer l'esprit par leur sécheresse, à moins qu'ils ne soient en un sens effacés chaque matin, ou plutôt fécondés par la rosée de la vérité fraîche et vivante. La connaissance ne nous parvient non par fragments, mais par éclairs de lumière provenant des cieux. Oui, chaque pensée qui traverse notre esprit contribue à l'user, à creuser ses ornières qui, comme dans les rues de Pompéi, montrent combien il a été emprunté. Que de choses à propos desquelles nous pourrions tout aussi bien nous demander si elles valent d'être connues, s'il faut laisser passer leurs charrettes, fût-ce au trot ou au pas, sur cette arche glorieuse grâce à laquelle nous espérons passer enfin de la lisière extrême du temps au rivage plus proche de l'éternité ! N'avons-nous ni culture ni raffinement, mais uniquement de l'adresse pour mener une existence grossière et servir le diable ? Pour acquérir un peu de richesse, de renommée ou de liberté terrestre, et en faire un faux étalage, comme si nous n'étions que cosse et coquille, sans noyau tendre et vivant ? Nos institutions seront-elles comme ces bogues qui contiennent des noix stériles, tout juste bonnes à piquer les doigts ?

On dit de l'Amérique qu'elle est l'arène où la bataille de la liberté doit être livrée. Mais il est certain qu'il ne peut s'agir là de la liberté au sens purement politique du terme. Même si nous sommes d'accord avec le fait que le peuple américain s'est libéré d'un tyran politique, il est encore l'esclave du tyran économique et moral. À présent que la république – la *res-publica* – a été instaurée, il est temps de nous pencher sur la *res-privata* – l'état privé – pour veiller, comme le Sénat romain en chargeait ses consuls, à ce que « *ne quid res-*PRIVATA *detrimenti carperet*[12] », autrement dit que l'état *privé* ne subisse aucun dommage.

Est-ce là ce que nous appelons le pays de la liberté ? Que signifie être libre du roi George[13] si l'on reste les esclaves du roi Préjugé ? Qu'est-ce que naître libre et ne pas vivre libre ? Quelle autre valeur pour toute liberté politique que de permettre d'accéder à la liberté morale ? Est-ce la liberté d'être esclave ou la liberté d'être libre dont nous nous vantons ? Nous sommes une nation de politiciens qui s'intéressent uniquement aux défenses extérieures de la liberté. Ce seront les enfants de nos enfants qui un jour

12. Thoreau paraphrase Cicéron (*In Catilinam*, livre I, 29), qui écrivait : « *Ne quid res publica detrimenti caperet* ». (N.d.T.)

13. George III (1738-1820), roi de Grande-Bretagne et d'Irlande. C'est sous son règne que les États-Unis accédèrent à l'Indépendance. (N.d.T.)

peut-être seront vraiment libres. Nous nous soumettons à des taxes injustes. Une partie d'entre nous n'est pas représentée. C'est l'obligation de payer des impôts sans être concerté. Nous casernons des troupes, nous casernons des imbéciles et du bétail de toutes sortes à nos frais. Nous casernons nos corps frustes au détriment de nos pauvres âmes, jusqu'à ce que les premiers dévorent la substance des secondes.

Pour ce qui est de la culture et de l'humanité au vrai sens du terme, nous sommes encore pour l'essentiel des provinciaux et non des métropolitains – de simples Jonathan. Nous sommes provinciaux, parce que nous ne trouvons pas nos valeurs chez nous, parce que nous n'adorons pas la vérité, mais le reflet de la vérité, parce que nous sommes gauchis et rétrécis par une dévotion témoignée exclusivement au commerce, aux affaires, aux usines, à l'agriculture et à tout ce qui va de pair, qui ne sont que des moyens mais pas une fin en soi.

En ce sens, le Parlement anglais est provincial. Simples péquenauds campagnards, ils se trahissent quand une question plus importante se présente à eux pour qu'ils apportent une solution, à la question irlandaise par exemple – à la question anglaise devrais-je dire ? Leurs natures sont assujetties à leurs propres occupations.

Leurs « bonnes manières » ne respectent que les points d'ordre secondaire. Les meilleures manières au monde ne sont que gaucherie et fatuité quand on les compare à l'intelligence la plus belle. Elles ressemblent aux modes des temps passés – simple courtoisie, escarboucles et beaux habits, tout bonnement surannés. C'est le vice, et non l'excellence des manières, qui fait que notre caractère ne cesse de les déserter. Ce sont des habits ou des coquilles au rebut, qui réclament le respect qui échoie à la créature vivante. On présente les coquilles au lieu de la substance, et ce n'est pas une excuse en général de dire que, dans le cas de certains fruits de mer, les coquilles ont plus de valeur que la chair. L'homme veut m'imposer ses manières comme s'il cherchait à tout prix à me faire entrer dans son cabinet de curiosités, alors que c'est lui que je souhaitais voir. Ce n'est pas ce qu'entendait le poète Decker[14] quand il appelait le Christ « le premier vrai *gentleman* qui ait jamais respiré ». Je répète que, dans ce sens, la cour la plus splendide de la chrétienté reste provinciale, n'ayant autorité que pour régler les affaires transalpines et non celles de Rome. Un préteur ou un proconsul suffirait pour résoudre les questions qui

14. Thomas Decker († 1638), poète anglais. (N.d.T.)

absorbent l'attention du Parlement anglais et du Congrès américain.

Le gouvernement et la législation ! je pensais que c'étaient des professions respectables. Nous avons entendu parler des célestes Numa [15], Lycurgue [16] et Solon [17], dans l'histoire du monde, dont les *noms* du moins peuvent incarner des législateurs idéaux. Mais imaginez légiférer pour *réguler* la reproduction des esclaves ou l'exportation du tabac ! Qu'ont à faire les législateurs divins avec l'exportation ou l'importation du tabac ? et les législateurs humains avec la reproduction des esclaves ? Supposez que vous alliez soumettre la question à un fils de Dieu – et n'y en a-t-il aucun en ce XIXᵉ siècle ? est-ce une famille qui s'est éteinte ? – comment reviendrait-elle ? Qu'est-ce qu'un État comme la Virginie, où l'esclavage et le tabac ont été la principale production de base, pourra dire au moment du Jugement dernier ? Quel terreau offre pareil État pour le patriotisme ? Je tire mes données

15. Numa Pompilius (vers 715 – vers 672 avant J.-C.), deuxième roi de Rome, selon la tradition légendaire des origines de la cité. Il fut un souverain législateur et pacifique, pieux et sage. (N.d.T.)
16. Il s'agit ici vraisemblablement de Lycurgue de Sparte (IXᵉ ou VIIIᵉ siècle avant J.-C.), qui aurait été le premier législateur de Sparte. (N.d.T.)
17. Solon (vers 640 – vers 558 avant J.-C.), législateur, homme politique et poète athénien, « inventeur » de la démocratie. (N.d.T.)

des tables statistiques que les États eux-mêmes ont publiées.

Que penser d'un commerce qui écume les mers en quête de noix et de raisins, qui fait des esclaves de ses marins à cette seule fin ! J'ai vu, l'autre jour, un navire qui avait fait naufrage, dont plusieurs marins avaient péri, et dont la cargaison de chiffons, de baies de genièvre et d'amandes amères était éparpillée sur le rivage. Cela ne donnait pas l'impression qu'il faille affronter les périls de la mer entre Livourne et New York pour une simple cargaison de baies de genièvre et d'amandes amères. L'Amérique en appelant à l'Ancien Monde pour ses fruits amers ! La saumure de la mer, le naufrage ne sont-ils pas assez amers pour remplir la coupe de l'existence ? Et pourtant, dans une large mesure, tel est notre commerce tant vanté. Il se trouve des personnes qui s'appellent elles-mêmes hommes d'État et philosophes et qui sont pourtant aveugles au point de penser que le progrès et la civilisation dépendent précisément de ce genre d'échange et d'activité – qui n'est que celui de mouches autour d'une barrique de mélasse. Ce serait très bien, observe-t-on, si les hommes étaient des huîtres. Pour ma part, je réponds que ce serait très bien s'ils étaient des moustiques.

Le lieutenant Herndon [18], que notre gouvernement a envoyé explorer l'Amazonie et, à ce qu'on dit, étendre l'aire de l'esclavage, a observé qu'il manquait là « une population industrieuse et active, qui sait ce que sont les conforts de la vie et qui éprouve la nécessité artificielle d'exploiter les immenses ressources du pays ». Mais quelle est donc cette « nécessité artificielle » qu'il faudrait encourager ? Il ne s'agit vraisemblablement pas de l'amour du luxe, comme le tabac et les esclaves de sa Virginie natale, ni de la glace, du granit et d'autres richesses matérielles de notre Nouvelle-Angleterre natale. Les « immenses ressources du pays » ne sont ni la fertilité ni l'aridité du sol qui les produit. Ce qui faisait principalement défaut à chacun des États où je suis allé, c'était un dessein élevé et sérieux chez ses habitants. C'est la seule chose qui permette d'exploiter « les immenses ressources » de la Nature et qui finisse par en tirer plus qu'elle

18. William Lewis Herndon (1813-1857), lieutenant de marine américain. En 1851, il fut mandaté par le gouvernement américain pour explorer la vallée de l'Amazone. À son retour aux États-Unis, il publia *Explorations of the Valley of the River Amazon* (1853), ouvrage encore cité dans les travaux d'ethnologie et d'histoire naturelle. Il fit naufrage en refusant de quitter le pont de son navire, tant qu'une âme vivante s'y trouvait encore. Sa dévotion à sa tâche lui valut l'admiration générale. (N.d.T.)

n'en possède, car l'homme y meurt naturellement. Quand nous cherchons davantage la culture que des pommes de terre, et la lumière plus que les prunes sucrées, alors les grandes ressources du monde sont exploitées et extraites, et le résultat, ou la production principale, n'est pas les esclaves ni les ouvriers, mais bien plutôt les hommes – ces fruits rares qu'on appelle héros, saints, poètes, philosophes et rédempteurs.

En bref, de même qu'une coulée de neige se forme là où il y a une accalmie du vent, nous pourrions dire que là où il y a une accalmie de la vérité, jaillit une institution. Cependant, la vérité souffle directement dessus et finit à la longue par l'abattre.

Ce qu'on appelle politique est en comparaison si superficielle et inhumaine que, dans les faits, je n'ai jamais vraiment reconnu que cela me concerne le moins du monde. Les journaux, je m'en aperçois, consacrent certaines de leurs colonnes spécialement à la politique ou au gouvernement, et cela gracieusement. C'est là, dirions-nous, tout ce qui les sauve. Mais comme j'aime la littérature et, dans une certaine mesure, la vérité aussi, je ne lis absolument jamais ces colonnes. Je ne souhaite pas émousser d'autant mon sens moral. Je n'ai pas de comptes à rendre, n'ayant jamais lu un seul message du

Président[19]. Drôle d'époque que nous vivons, où les empires, les royaumes et les républiques viennent supplier à la porte du *vulgum pecus* et le prennent par le bras pour lui faire part de leurs doléances ! Je ne puis tenir un journal en main, mais force m'est d'admettre qu'un gouvernement misérable, malmené et sur les genoux, qui intercède auprès de moi, le lecteur, afin que je vote pour lui, devient plus importun qu'un mendiant italien. S'il me prenait la fantaisie de jeter un œil au certificat du gouvernement qu'a sans doute établi un commis bienveillant ou que le capitaine de navire a amené, car le gouvernement ne peut parler un mot d'anglais lui-même, je lirai sans doute que c'est l'éruption de quelque Vésuve ou la crue de quelque Pô, qu'elle soit vraie ou inventée, qui est responsable de sa situation. Je n'hésite pas, en pareil cas, à lui suggérer de travailler ou d'aller à l'hospice, sinon pourquoi ne pas garder le silence chez lui, comme je le fais d'ordinaire ? Le pauvre Président, pour préserver sa popularité et accomplir

19. Quand Thoreau lit ce texte dans le cadre de conférences qu'il donne, entre 1854 et 1856, le Président des États-Unis est alors le démocrate Franklin Pierce (1804-1869). Au moment où il se décide à le publier, juste avant sa mort, le républicain Abraham Lincoln (1809-1865) vient d'être élu. (N.d.T.)

son travail, est complètement perdu. Ce sont les journaux qui gouvernent et détiennent le pouvoir. Tout autre gouvernement ne peut compter que sur les quelques *marines* de Fort Independance. Si un homme néglige de lire le *Daily Times*, le gouvernement s'agenouillera devant lui, car c'est la seule trahison de nos jours.

Ces choses qui aujourd'hui occupent le plus l'attention des hommes, comme la politique et la routine quotidienne, sont incontestablement des fonctions vitales de la société humaine, mais elles devraient être accomplies inconsciemment, comme les fonctions correspondantes du corps physique. Elles sont *infra*-humaines, une sorte de vie végétative. Je m'éveille parfois à demi conscient de leur activité autour de moi, de la même manière qu'un homme, dans un état morbide, peut prendre conscience de certains processus de la digestion et ainsi avoir ce qu'on appelle la dyspepsie. C'est comme si un penseur se laissait râper par le grand gésier de la création. La politique est, pour ainsi dire, le gésier de la société, plein de sable et de gravillon, et les deux partis politiques sont ses deux moitiés opposées – elles-mêmes parfois divisées en quartiers, cela arrive, qui frottent l'un sur l'autre. Non seulement les individus, mais les États eux-mêmes souffrent d'une dyspepsie avérée, qui s'exprime avec une éloquence qu'il est facile d'imaginer. Ainsi notre vie ne consiste-t-elle pas uniquement à oublier, mais aussi, hélas ! en grande partie, à nous rappeler ce dont nous ne devrions jamais avoir conscience, et en tout cas pas pendant nos heures d'éveil. Pourquoi ne nous rencontrerions-nous pas, non comme toujours en tant que dyspeptiques, pour nous raconter nos rêves, mais parfois en tant qu'*eu*peptiques, pour nous féliciter mutuellement de l'éternelle splendeur du matin ? Je ne formule assurément pas là une demande exorbitante.

Le Philosophe en liberté

L'inépuisable vigueur de la pensée de Henry David Thoreau, même si les convictions qui l'étayent sont profondes et fermes, tient à ce qu'elle se garde de tout dogmatisme et échappe à toute interprétation idéologique. En réalité, Thoreau n'a pas tant professé une philosophie qu'il l'a vécue. N'écrivait-il pas déjà dans *La Désobéissance civile* (1854) qu'il y a « neuf cent quatre-vingt-dix-neuf professeurs de vertu pour un homme vertueux [1] » ? Sa vie solitaire et méditative à Walden Pond lui a d'ailleurs permis de développer une forme de spontanéité « primitive », au sens kantien du terme. Son rejet de la civilisation n'obéit pas à un programme, comme pour son contemporain George Ripley, ni à l'attirance mystique pour la nature que l'on retrouve chez William Wordsworth, mais à une forme d'instinct. Thoreau aspire en effet à « une vie transcendantale dans la nature », autrement dit, il entend atteindre l'essence profonde des choses afin d'y conformer sa conscience. Il s'agit pour lui de se mettre en accord avec la vie universelle, ainsi qu'il le proclame dans *La Vie sans principe* : « Pouvoir regarder le soleil se lever ou se coucher chaque jour, afin de nous relier à un phénomène universel, préserverait notre santé pour toujours. » Propos qui font écho aux derniers mots de *Walden* (1854) : « La lumière qui trouble nos yeux est pour nous de l'obscurité. Seul le jour auquel nous nous sommes éveillés commence à poindre. Il y a plus d'un jour à poindre. Le soleil n'est qu'une étoile du matin [2]. »

Thoreau a donc moins formulé un discours que mis sa pensée en pratique par l'exemple de sa propre vie – la *self-reliance*, l'autosuffisance – afin de montrer que les besoins matériels de l'homme et les contingences quotidiennes sont dérisoires et constituent une entrave à l'épanouissement de l'esprit. Au cours de ses incessantes marches, Thoreau s'efforce de se rapprocher chaque jour un peu plus de cette plénitude à laquelle il aspire, en s'imprégnant de la vitalité de la nature. Il puise sa force sereine dans une vision panthéiste qui lui révèle les lois supérieures régissant l'univers, et qui l'apparente à Knut Hamsun ou à Hermann Hesse. Raison pour laquelle, si on le sait fervent disciple de Ralph Waldo Emerson, on trouve chez lui davantage de souffle et de passion. Il y a chez ce contemporain d'illustres fondateurs de la littérature américaine, Walt Whitman et Herman Melville, quelque chose d'un Robinson Crusoé…

Rédigée trois mois seulement après la publication de *Walden, La Vie sans principe* suit d'un an le second voyage de Thoreau dans les forêts du Maine, sur les traces des premiers Indiens. À l'origine, cette conférence s'intitulait « *What Shall It Profit* » et fut prononcée pour la première fois au Railroad Hall de Providence, dans le Rhode Island, le 6 décembre 1854. Elle est avec *De la marche* [3], l'une des conférence que Thoreau a le plus données, et ces deux textes sont les seuls qu'il a eu le temps de revoir de son vivant avant d'en envisager la publication [4]. Mais, si *De la marche,* écrit en 1851, autrement dit un an après son excursion à Cape Cod, traite de la relation de l'homme à la nature, *Life without Principle* prolonge la pensée de Thoreau en abordant la relation de l'homme à lui-même et à autrui.

Un véritable malentendu plane sur la pensée de Thoreau, devenu un siècle après sa mort un vrai *leader* de la contre-culture. Ce qui fera dire à Stanley Cavell : « Méprise-t-il notre mode de vie, ou la vie humaine elle-même ? Rejette-t-il les gouvernements, ou l'aspiration et la capacité des hommes à créer une société [5] ? » Qu'une telle interrogation puisse être formulée à son sujet atteste que l'anticonformisme professé dans son œuvre et dans sa vie a été interprété comme un refus, quand il visait à « réveiller » la société américaine en en dénonçant les travers. Les zélateurs de Thoreau ont involontairement entretenu ce malentendu, au premier rang desquels Emerson qui insista sur « la propension à dire non [6] » de son jeune ami. Sa biographie réduite aux éléments factuels les plus saillants – la vie érémitique dans les bois, le refus de payer ses impôts pour ne pas cautionner l'esclavage et la guerre contre le Mexique et son appel à la désobéissance civile –, Thoreau se retrouve figé dans l'image d'Épinal du « Diogène américain ». Partant, son ascétisme est apparu trop austère, son renoncement trop excessif, sa quête de l'absolu trop intransigeante, rendant impossible *a priori* toute adhésion empathique.

Mais Thoreau n'a jamais prétendu être le dépositaire d'une doctrine à laquelle il entendrait que le lecteur se conformât servilement. À travers ses écrits et ses conférences, il espère simplement que la vie de son lecteur ou de son auditeur s'en trouvera *individuellement* modifiée. Il veut amener chacun d'entre nous à remettre en cause son expérience personnelle afin de s'émanciper du matérialisme qu'il dénonce avec plus de force qu'ailleurs dans *La Vie sans principe*, pour atteindre à ce qu'il appelle les « provinces de l'imagination ». Il n'établit aucunement un nouveau système de principes, mais suggère une voie possible à travers l'exploration de soi. Ainsi, l'oisiveté qu'il semble prôner dans ce texte est des plus *actives* en ce qu'elle invite à se montrer plus réceptif aux sollicitations du *cosmos* et de son être profond. Il s'agit ni plus ni moins de réapprendre à être *humain* à travers la régénération que prodigue le contact avec la nature dont, en bon transcendantaliste, il n'a cessé de se faire le chantre. Depuis l'expérience de Walden Pond, il sait que sa relation à la nature ne peut donner de fruits que dans les relations humaines. En cela, il réalise un syncrétisme entre le romantisme européen qui conçoit la nature comme un mystère vivant, et l'unitarisme américain pour qui l'individu est la vraie source de la lumière morale.

Thoreau est en quelque sorte habité par un esprit religieux, non conformiste et débarrassé de toute entrave et de tout parti pris sectaires. En se faisant l'observateur inlassable et attentif de la nature, il semble se soumettre à une véritable discipline de l'esprit. Il veut ainsi stimuler chez autrui la capacité à s'émerveiller de ce qui l'entoure, afin qu'il s'affranchisse des conventions et des habitudes tant sociales qu'individuelles. C'est là que réside tout l'apparent paradoxe de la philosophie de Thoreau. En exaltant l'individualisme, Thoreau démontre la caducité et la vanité des institutions qui président pourtant aux destinées humaines dont elles interdisent le plein rayonnement. Elles imposent des besoins secondaires et matérialistes qui étouffent le développement de l'esprit. Or, pour Thoreau, une fois que l'homme s'est procuré l'indispensable, « il existe une autre alternative que celle de se procurer les superfluités ; et c'est de s'aventurer dans la vie présente [7] ». La sédition que propose Thoreau ne répond pas tant à un sentiment de révolte qu'à une quête de la sagesse qui l'a toujours animé. C'est sans doute là le caractère proprement subversif de son œuvre : en nous incitant à l'exploration de soi et à l'effort d'autonomie, il nous encourage à trouver en nous la voie qui conduit à l'amour de la vie. Aussi ne faut-il pas s'étonner que le Mahatma Gandhi ou Martin Luther King se soient réclamés de lui. Véritable *philosophe en liberté*, Henry David Thoreau ne cesse de nous inviter à une « approche transcendante du bonheur ».

Thierry GILLYBŒUF

Notes

1. *La Désobéissance civile*, traduction de l'anglais par Guillaume Villeneuve, Mille et une nuits, 1997.
2. *Walden ou la vie dans les bois*, traduit de l'américain par Jeanne Chantal et Thierry Fournier, L'Âge d'Homme, 1985.
3. *De la marche*, traduction de l'anglais par Thierry Gillybœuf, Mille et une nuits, 2003.
4. « *Walking* », *Atlantic Monthly*, n° 9, juin 1862 ; « *Life without Principle* », *Atlantic Monthly*, n° 12, octobre 1863.
5. Stanley Cavell, *The Senses of Walden*, North Point Press, 1981.
6. Ralph Waldo Emerson, « Thoreau », *Atlantic Monthly*, n° 8, mai 1862.
7. *Walden…*, *op. cit.*

Vie de Henry David Thoreau

1812. John Thoreau épouse Cynthia Dunbar, fille du colonel Elisha Jones, riche propriétaire, possesseur d'esclaves, dont les quatorze fils se battirent du côté des Anglais pendant la Révolution.

12 juillet 1817. Naissance de David Henry Thoreau à Concord (il intervertira ses prénoms en 1837).

1818. L'Illinois est admis dans l'Union qui compte maintenant onze États esclavagistes et onze États libres. La famille Thoreau s'installe à Chelmsford, Massachusetts, où le père transfère son commerce.

1820. L'admission prochaine du Missouri dans l'Union menace d'installer à la Chambre des représentants une majorité esclavagiste ; vote d'un compromis autorisant l'esclavage au sud de 36° 30' de latitude.

1821. Le Missouri entre dans l'Union. La famille Thoreau s'installe à Boston où Henry David commence à aller en classe à l'âge de cinq ans.

1822. En visite chez sa grand-mère à Walden, il découvre l'étang de Men.

1823. James Monroe formule sa célèbre doctrine, l'Amérique aux Américains.

1826. James Fenimore Cooper publie *Le Dernier des Mohicans.*

1828. Henry David et son frère aîné John entrent à l'Académie de Concord, nouvel établissement qui prépare à l'Université. Ils y apprennent le latin, le grec, le français.

1831. Insurrection d'esclaves en Virginie. Fondation du journal abolitionniste *The Liberator.*

1833. Abolition de l'esclavage dans tout l'Empire britannique. Henry David entre à l'université Harvard où il bénéficie d'une bourse. Ralph Waldo Emerson revient de son voyage en Europe et s'installe à Concord.

1835. Thoreau découvre le transcendantalisme.

1836. Massacre de Fort-Alamo. Emerson publie *Nature,* qui devient la bible du transcendantalisme.

1837. Thoreau est diplômé d'Harvard. Il prononce à cette occasion un discours qui contient l'essentiel de son attitude de rebelle vis-à-vis de la société. Il commence le journal qu'il poursuivra toute sa vie. La belle-sœur d'Emerson le présente au grand homme. Thoreau, engagé comme professeur à l'école publique de Concord, donne sa démission au bout d'une semaine : il refuse les punitions corporelles.

1838. Henry David ouvre avec son frère John une école privée chez lui.

1840. Thoreau collabore à la revue transcendantaliste *The Dial.*

12 janvier 1842. John Thoreau meurt du tétanos.

1844. Thoreau entreprend la lecture de la *Bhagavad-Gitâ.*

1845. Il décide d'aller vivre seul dans les bois. Avec l'aide d'Emerson et d'autres amis, il construit une cabane en bois de pin au bord de l'étang de Walden et s'y installe le 4 juillet.

1846. Guerre du Mexique. Thoreau passe une nuit en prison pour refus de payer ses impôts à un État qui admet l'esclavage et fait la guerre au Mexique.

1847. Thoreau quitte sa cabane.

1849. Helen, la sœur de Thoreau, meurt de tuberculose. Publication de *La Désobéissance civile.*

1851. Parution de *Moby Dick,* d'Herman Melville.

1853. Thoreau aide fréquemment des esclaves à fuir vers le Canada.

1854. Il remet enfin la septième version de *Walden* à l'excellent éditeur Tichnor and Fields ; l'ouvrage suscite l'admiration.

1855. Première édition de *Feuilles d'herbe* de Walt Whitman.

1859. Insurrection de John Brown. Thoreau prononce un *Plaidoyer pour John Brown* à Concord, puis à Boston et à Worcester.

1860. La Caroline du Sud fait sécession.

1861. Début de la guerre de Sécession.

1862. Lincoln recrute des volontaires. Le 6 mai, Henry David Thoreau meurt.

1906. Première publication de ses œuvres complètes en vingt et un volumes.

(Chronologie établie
d'après le travail de Laurence Vernet
pour la revue *Europe,* juillet-août 1967.)

Repères bibliographiques

Œuvres de Henry David Thoreau

- *Ballades,* La Table ronde, 1995.
- *La Désobéissance civile,* Mille et une nuits, 1999.
- *De la marche,* Mille et une nuits, 2003.
- *Journal,* extraits traduits par R. Michaud et S. David, Les Presses d'aujourd'hui, 1981.
- *Walden ou la vie dans les bois,* traduit par Germaine Landré-Augier, Aubier, 1982.

Études sur Henry David Thoreau

- Granger (Michel), *Henry-David Thoreau, Narcisse à Walden,* Presses universitaires de Lyon, 1991.
- « La Nouvelle Angleterre », *in Critique,* vol. 541-542, Éditions de Minuit, 1992.

Mille et une nuits propose des chefs-d'œuvre pour le temps d'une attente, d'un voyage, d'une insomnie…

La Petite Collection (extrait du catalogue) 490. David HUME, *Du commerce et du luxe*. 491. Jean-Marc PARISIS, *Renvoi d'ascenseur*. 492. Patrick BESSON, *Zodiaque amoureux*. 493. Sébastien BAILLY, *Le Meilleur des jeux de mots*. 495. PLATON, *Protagoras*. 496. Marcel PROUST, *L'Indifférent et autres textes de jeunesse*. 497. PÉTRONE, *Le Dîner chez Trimalchion*. 498. Alain CRÉHANGE, *L'Anarchiviste et le Biblioteckel. Dictionnaire de mots-valises*. 499. Arthur SCHOPENHAUER, *Au-delà de la philosophie universitaire*. 500. Henry David THOREAU, *La Moelle de la vie. 500 aphorismes*. 501. Jérôme LEROY, *Rêve de cristal : Arques, 2064*. 502. Patrick BESSON, *L'Orgie échevelée*. 503. Paul CÉZANNE, *La Peinture couillarde. Propos choisis*. 504. Léon PINSKER, *Autoémancipation ! Avertissement d'un Juif russe à ses frères*. 505. Claude CAHUN, *Héroïnes*. 506. VOLTAIRE, *Le Fanatisme ou Mahomet le Prophète*. 507. Philarète CHASLES, *Vie de Daniel Defoe*. 508. Emmanuel KANT–Moses MENDELSSOHN, *Qu'est-ce que les Lumières ?* 509. Henry David THOREAU, *De l'esclavage. Plaidoyer pour John Brown*. 510. VOLTAIRE, *Histoire des croisades*. 511. Patrick BESSON, *La Titanic*. 512. Michel CHEVALIER, *Système de la Méditerranée*. 513. Ambroise VOLLARD, *Le Père Ubu à la guerre*. 514. Car Von CLAUSEWITZ, *Principes fondamentaux de stratégie militaire*. 515. Frédéric PAGES, *Philosopher ou l'art de clouer le bec aux femmes*. 516. Johann Gottlieb FICHTE, *De la liberté de penser*. 517. Victor HUGO, *Lettres à Léonie*. 518. Jean JAURES, *Il faut sauver les Arméniens*. 519. Alfred JARRY, *L'Amour en visites*. 520. Ernest FEYDEAU, *Souvenirs d'une cocodette, écrits par elle-même*. 521. Sylvie TESTUD, *Gamines (théâtre)*. 522. Sylvain MARÉCHAL, *Projet d'une loi portant défense d'apprendre à lire aux femmes*. 523. Joris-Karl HUYSMANS, *Gilles de Rais*. 524. Michel FRIEDMAN, *Mythologies du vocabulaire*. 525. Lord CHESTERFIELD, *Conseils à mon fils. Choix de lettres*. 526. Karl MARX, *La Guerre civile en France*. 527. Jean-Baptiste BOTUL, *La Métaphysique du Mou*.

Pour chaque titre, le texte intégral, une postface, la vie de l'auteur et une bibliographie.

49.40.4950.9.05
N° d'édition : 97518
Achevé d'imprimer en septembre 2008,
par Liberdúplex (Barcelone, Espagne)